BEI GRIN MACHT SICH IHR WISSEN BEZAHLT

AF136174

- Wir veröffentlichen Ihre Hausarbeit, Bachelor- und Masterarbeit

- Ihr eigenes eBook und Buch - weltweit in allen wichtigen Shops

- Verdienen Sie an jedem Verkauf

Jetzt bei www.GRIN.com hochladen und kostenlos publizieren

Strategien der Internationalisierung. Eine Handlungsempfehlung anhand eines fiktiven Unternehmens

Sarah Hensler

Bibliografische Information der Deutschen Nationalbibliothek:

Die Deutsche Nationalbibliothek verzeichnet diese Publikation in der Deutschen Nationalbibliografie; detaillierte bibliografische Daten sind im Internet über http://dnb.d-nb.de abrufbar.

ISBN: 9783346455512
Dieses Buch ist auch als E-Book erhältlich.

Druck und Bindung: Books on Demand GmbH, Norderstedt Germany
Gedruckt auf säurefreiem Papier aus verantwortungsvollen Quellen

Das vorliegende Werk wurde sorgfältig erarbeitet. Dennoch übernehmen Autoren und Verlag für die Richtigkeit von Angaben, Hinweisen, Links und Ratschlägen sowie eventuelle Druckfehler keine Haftung.

Das Buch bei GRIN: https://www.grin.com/document/1037355

Einsendeaufgabe Alternative C

Unternehmensführung

abgegeben am 16.04.2021

SRH Fernhochschule – The Mobile University

Modul: Unternehmensführung

Studiengang: Betriebswirtschaft

Inhaltsverzeichnis

Abbildungsverzeichnis

Hinweis:

Aus Gründen der leichteren Lesbarkeit wird in der vorliegenden Einsendeaufgabe die gewohnte männliche Sprachform bei personenbezogenen Substantiven und Pronomen verwendet. Dies impliziert jedoch keine Benachteiligung des weiblichen Geschlechts, sondern soll im Sinne der sprachlichen Vereinfachung als geschlechtsneutral zu verstehen sein.

1. Einleitung

„Made in Germany" - Produkte haben weltweit einen hohen Stellenwert. Schon längst sind nicht mehr nur die großen Konzerne auf dem Auslandsmarkt aktiv. Bereits 2016 hat auch jedes fünfte der deutschen klein- und mittelständischen Unternehmen (KMU) Umsätze im Ausland erwirtschaftet.[1] Denn durch die globale Verflechtung der Geschäftswelt gewinnt der Außenhandel an Popularität. Durch neue Transport-, Informations- und Kommunikationstechnologien, Entwicklung von Freihandelszonen und gemeinsamen Wirtschaftsräumen entstehen zwar neue Herausforderungen jedoch auch große Chancen für Unternehmen.[2] Starten Unternehmen eine „geographische Ausdehnung ökonomischer Aktivitäten über nationale Grenzen hinaus"[3], spricht man von einer Internationalisierung.

In dieser Arbeit wird auf ein Hamburger Unternehmen namens Cyclemania eingegangen, welches 2010 gegründet wurde und in Deutschland mit seinen innovativen und qualitativ hochwertigen Mountainbikes für ein sehr gutes Preis-/ Leistungsverhältnis bekannt ist. Die Zielgruppe der in Hamburg hergestellten Bikes in Premium-Qualität sind junge und preisbewusste Biker. Bisher wurden die Räder stationär in Hamburg und über einen Webshop vertrieben, was zu einer nachhaltig stabilen Umsatz- und Gewinnentwicklung geführt hat. Auch dieses Unternehmen strebt eine Internationalisierung an.

1.1. Problemstellung

Nach jahrelanger Etablierung auf dem deutschen Markt, hat sich Cyclemania wie bereits erwähnt die Eroberung von Auslandsmärkten auf die Agenda geschrieben und steht somit vor einer großen Herausforderung. Unterschiedliche Internationalisierungsstrategien bieten unterschiedliche Chancen, bringen jedoch auch Risiken mit sich. Auch die Form der Markterschließung kann über Erfolg oder Misserfolg des Unternehmens auf ausländischen Märkten entscheiden.

---

[1] Vgl. *KfW* (2021); *Markt und Mittelstand* (2021).
[2] Vgl. *Sternad* et al. (2020), S. 3.
[3] *Gabler Wirtschaftslexikon* (2021).

1.2. Zielsetzung

Anhand von theoretischen Grundlagen und detaillierten Erläuterungen von Strategien und möglichen Vorgehensweisen der Internationalisierung soll erörtert werden, welche für das mittelständische Unternehmen Cyclemania geeignet sind. Das Ziel dieser Arbeit ist es, eine geeignete Internationalisierungsstrategie für das Unternehmen Cyclemania zu finden und eine Handlungsempfehlung auszusprechen. Außerdem soll entschieden werden, welche der beiden Kooperationsformen, Joint Venture und strategische Allianz, die bessere Markterschließungsmöglichkeit für Cyclemania ist.

1.3. Aufbau der Arbeit

In dieser Arbeit werden zunächst die theoretischen Grundlagen der Internationalisierung aufgezeigt. Neben verschiedenen Motiven und Beweggründen werden auch Chancen und Risiken für Unternehmen angesprochen. Es werden unterschiedliche Internationalisierungsstrategien (internationale, multinationale, globale und transnationale Strategie) vorgestellt und voneinander abgegrenzt. Zusätzlich werden in diesem Teil der Arbeit Formen der Markterschließung dargestellt, wobei die Kooperationen (Joint Venture und strategische Allianz) besonders ausgeleuchtet werden. Eine Zusammenfassung schließt den Theorieteil ab. Im dritten Kapitel wird das Unternehmen Cyclemania thematisiert. Die vorab vorgestellten Internationalisierungsstrategien werden als Möglichkeiten für Cyclemania diskutiert und es wird eine Handlungsempfehlung ausgesprochen. Nachfolgend werden die Markterschließungsformen Joint Venture und strategische Allianz für Cyclemania gegenübergestellt und eine Entscheidung darüber getroffen, welche der beiden Kooperationsmöglichkeiten für Cyclemania sinnvoll ist. Anknüpfend werden im Rahmen der Diskussion die Ergebnisse des vorherigen Kapitels erfasst und bewertet. Ein Fazit und ein kurzer Ausblick schließen die Arbeit ab.

2. Theoretische Grundlagen

Unterschiedliche Gründe können für eine Internationalisierung eines Unternehmenssprechen sprechen. Neben strategischen oder ressourcenorientierten Motiven wie beispielsweise sicheren Rohstoffquellen, gibt es auch effizienzorientierte Gründe wie günstigere Produktions- oder Lohnkosten im Ausland. Das Hauptmotiv für die Erschließung von Auslandsmärkten ist jedoch meist eine geplante Umsatz- bzw. Gewinnerhöhung, die aufgrund von Sättigung bzw. geringen Chancen zur Absatzerhöhung auf dem nationalen Markt nicht möglich ist.[4] Die unterschiedlichen Motive weisen neben Chancen auch nicht zu unterschätzende Risiken der internationalen Geschäftätigkeit auf. Diese können in wirtschaftlichen Risiken, Marktrisiken, politisch-rechtliche Risiken und sonstige Risiken unterteilt werden.[5] Trotz dieser Risiken nimmt die Internationalisierung von Unternehmen zu. Entwicklungen wie bspw. die Digitalisierung und der Abbau von Handelshemmnissen der vergangenen Jahrzehnte haben die Erschließung von Auslandsmärkten vereinfacht. In der Literatur finden sich Beispiele verschiedener Autoren, die Ansätze verfolgen, um Triebkräfte der Internationalisierung zu erörtern. Eine sehr bekannte Analyse stammt von Dr. George Yip, der systematisch erforschte, welche Triebkräfte eine Erweiterung auf Auslandsmärkte einer Branche vorantreibt, wie in Abbildung 1 dargestellt. Durch die aufgezeigten Faktoren kann ein Unternehmen Vorteile gewinnen und Umsätze generieren, die auf dem nationalen Markt nicht eingeholt werden könnten.[6]

---

[4] Vgl. *Sternad* et al. (2020), S. 9–10.
[5] Vgl. *Sternad* et al. (2020), S. 12–13.
[6] Vgl. *Mettig* (2018), S. 124–126.

Abbildung 1: Treiber der Internationalisierung von Organisationen
(Quelle: Mettig (2018), S. 124)

Bevor die Internationalisierung einer Organisation angegangen werden kann, gibt es neben einer Unternehmensanalyse noch weitere Analysen wie Markt- und Umfeldanalysen, die durchgeführt werden sollten, um auf ausländischen Märkten erfolgreich sein zu können. Grundvoraussetzungen wie notwendige Ressourcen und Kompetenzen oder ein besonderes Leistungsangebot gegenüber den bestehenden Wettbewerbern im Ausland müssen gegeben sein.[7] Mit dieser Basis können konkrete Internationalisierungsziele festgelegt werden, die durch unterschiedliche Strategien erreicht werden können.[8] Diese werden im Nachfolgenden dargestellt und voneinander abgegrenzt.

2.1. Strategien der Internationalisierung

Eine Internationalisierungsstrategie ist ein langfristiger Plan, um erfolgreiche Geschäftsmöglichkeiten im Ausland zu ermöglichen.[9] In der Literatur werden die einzelnen Strategien (internationale, multinationale, globale und transnationale Strategie) oftmals als synonym verwendet, sind jedoch unterschiedliche

---

[7] Vgl. *Sternad* et al. (2020), S. 18–20.
[8] Vgl. *Sternad* et al. (2020), S. 25.
[9] Vgl. *Sternad* et al. (2020), S. 25.

Konzepte. Sie sind anhand ihrer Notwendigkeit zur weltweiten Integration und der Notwendigkeit zur Anpassung an lokale Bedürfnisse klar abzugrenzen, wie in Abbildung 2 ersichtlich.[10]

Abbildung 2: Grundtypen von Internationalisierungsstrategien (Quelle: Eigene Darstellung in Anlehnung an Mettig (2018), S. 128)

2.1.1. Internationale Strategie

Sind Auslandsaktivitäten entscheidend, um Unternehmensziele zu erreichen und sicherzustellen, liegt eine internationale Unternehmung vor. Die internationale Strategie, auch Export Strategie genannt, beschreibt die strategische Ausrichtung eines Unternehmens hinsichtlich der Gestaltung der internationalen Aktivitäten. Bei dieser Strategie verfügt das Unternehmen über einzigartige Konzepte und Produkte, die auf dem Heimatmarkt über einen starken Markennamen bekannt sind. Diese auf dem Heimatmarkt erfolgreichen Konzepte können in das Ausland, ohne größere Anpassungen an lokale Bedürfnisse, exportiert werden.[11]

Dadurch ist der Grad der Zentralisation als hoch einzustufen. Die lokalen Unterschiede werden nicht berücksichtigt, was bedeutet, dass Märkte, die sich stark vom Heimatmarkt unterscheiden, nicht angesprochen werden.[12]

Neben dem Vorteil, der hohen Innovationskraft, hoher Kontrolle und schnellen Entscheidungsfindungen, steht der Nachteil entgegen, dass den Anforderungen

---

[10] Vgl. *Mettig* (2018), S. 128.
[11] Vgl. *Schwarz* (2009), S. 10–11.
[12] Vgl. *Gabler Wirtschaftslexikon* (2021).

der lokalen Unterschiede zu wenig Aufmerksamkeit gewidmet wird. Dies führt zu einer erschwerten Marktetablierung auf den jeweiligen Auslandmärkten.

Ein Beispiel für die Internationale Strategie ist das Unternehmen Google. Google testet die neuentwickelten Innovationen zuerst auf dem (US-)Heimatmarkt und exportiert nach erfolgreichem Test die Produkte bzw. Leistungen in ausländische Märkte. Diese Multiplikation funktioniert für die meisten Länder und Kontinente, findet jedoch im asiatischen Bereich aufgrund der lokalen Anforderungen und Unterschiede nur geringe Akzeptanz.[13]

Die Export- bzw. internationale Strategie wurde in den sechziger und siebziger Jahren von amerikanischen Unternehmen angewendet, wird jedoch durch die zunehmende Globalisierung vernachlässigt.[14]

2.1.2. Multinationale Strategie

Für multinationale Unternehmen steht das Ziel den Erfolg des Unternehmens in vielen nationalen Märkten sicherzustellen im Mittelpunkt der Strategie. Hierfür erhalten Tochtergesellschaften einen Entscheidungsspielraum, um sich als autonomes Unternehmen auf die Anforderungen des jeweiligen Marktes auszurichten.[15]

Die multinationale Strategie ist eine ideale Wahl für ein Unternehmen, wenn die Anforderungen des entsprechenden Standorts angemessen angepasst werden müssen und die globale Standardisierung zurückgestellt werden kann. Dies bedeutet, dass Unternehmen ihr Angebot an die Bedürfnisse und Anforderungen der Kunden im jeweiligen Markt anpassen, was Erlösvorteile bringen kann. Durch das Besetzen der Niederlassungsleitung und der Führungspositionen mit Einheimischen, können Kenntnisse über den lokalen Markt, Rechtsnormen usw. genutzt werden. Auslandsaktivitäten finden in mehreren Ländern statt und nehmen einen wesentlichen Teil der Geschäftsaktivitäten ein. Dies ist jedoch nur möglich, wenn die Unternehmensstrategie auf einer weltweiten Perspektive basiert.[16]

---

[13] *Mettig* (2018), S. 128–129; *Zentes* et al. (2006), S. 54–55.
[14] Vgl. *Welge* et al. (2000), S. 169.
[15] Vgl. *Schwarz* (2009), S. 11.
[16] Vgl. *Gabler Wirtschaftslexikon* (2018g); *Mettig* (2018), S. 129; *Welge* et al. (2000), S. 169.

Der Vorteil des hohen Maßes an Unabhängigkeit der einzelnen Betriebsstandorte können jedoch auch eine Gefahr darstellen. Denn durch das hohe Maß der Autonomie und die unterschiedlichen Ausführungen der gleichen Wertschöpfungsaktivitäten, wird es kompliziert eine homogene Markenführung zu betreiben. Die multinationale Strategie ist oft in der Lebensmittel- oder Konsumgüterindustrie zu finden, wie beispielsweise bei McDonalds.[17]

2.1.3. Globale Strategie

Globale Unternehmen zeichnen sich durch eine Einbeziehung aller Unternehmensaktivitäten in ein komplexes Gesamtsystem der Marktbearbeitung und meist konzentriertem Management der Tochtergesellschaft im Ausland aus. Zusätzlich zeigen globale Unternehmen eine geografische Ausrichtung der Auslandsaktivitäten auf dem Weltmarkt auf.[18]

Die Globale Strategie ist die strategische Grundausrichtung internationaler Unternehmen, die den Weltmarkt als eine homogene Einheit sieht. Sie strebt nach Produkt- und Prozessstandardisierung, um Wettbewerbsvorteile anhand von Skaleneffekten zu erreichen. Neben dem Streben nach globaler Effizienz ist die organisatorische Zusammenlegung das bedeutendste Merkmal.[19]

Durch die Zentralisierung des Leistungs- und Marketingangebots, können Kostenvorteile und Lerneffekte erzielt werden. Zusätzlich kann das Unternehmen, dank der standardisierten Prozesse, an einen Ort verlagert werden, bei dem eine bessere Qualität oder gleichbleibende Qualität bei niedrigeren Kosten erzielt werden kann. Weitere Vorteile wie eine Steigerung der Verhandlungsmacht gegenüber Anspruchsgruppen oder eine erhöhte Kundepräferenz durch die weltweite identische Verfügbarkeit können entstehen.

Neben all diesen Vorteilen bringt eine globale Strategie auch Nachteile mit sich. Die starke Fokussierung auf Kostenoptimierung und eine geringe Anpassung an die lokalen Bedürfnisse kann zu einer geringen Wettbewerbsfähigkeit führen. Zusätzlich entsteht ein großer Koordinations- und Standardisierungsaufwand der Gesamtorganisation und zentrale und langwierige Entscheidungen können bei

---

[17] Vgl. *Mettig* (2018), S. 129.
[18] Vgl. *Schwarz* (2009), S. 11.
[19] Vgl. *Gabler Wirtschaftslexikon* (2018b).

Mitarbeitern Motivationsverlust verursachen. Dennoch lässt sich die Globale Strategie in Branchen mit starkem Preiswettbewerb finden. Beispiele hierfür sind große Konzerne der Automobilbranche oder Möbelhersteller wie Ikea.[20]

2.1.4. Transnationale Strategie

Transnationale Unternehmen sind Unternehmen, die in mehreren Ländern oder Regionen mit unabhängigen Vertriebsaktivitäten oder Produktionsstätten aktiv sind. Sie arbeiten auf Basis einer gemeinsamen Strategie, berücksichtigen für die Organisation und Führung des Unternehmens jedoch die jeweiligen nationalen Gegebenheiten.[21]

Bedeutet, dass Unternehmen mit dieser Strategie ihre Produkte und Dienstleistungen sofern notwendig an die lokalen Bedürfnisse anpassen und gleichzeitig eine größtmögliche globale Integration generieren möchten. Dies funktioniert durch teilweise globalisierte Standards, die durch Erweiterungen an die lokalen Anforderungen angepasst werden. Der globale Wissensaustausch zwischen den Organisationseinheiten ist für diese Strategie besonders wichtig.[22]

Die transnationale Strategie zielt also darauf ab, innerhalb des Unternehmens Fähigkeiten zu erzeugen, die eine erfolgreiche Auseinandersetzung mit allen denkbaren Merkmalen der Umwelt erzielen. Die Vorteile der einzelnen bisher erläuterten Strategien (international, multinational und global) sollen in der transnationalen Strategie verschmelzen.[23]

So gibt die Muttergesellschaft zwar den strategischen Rahmen vor, die Tochterunternehmen können jedoch weiterhin schnell reagieren und bleiben flexibel. Weitere Vorteile sind, dass Gewinne in Länder mit niedriger Steuerlast verlagert werden können, um Steuerabgaben zu senken und hierdurch Gewinne zu maximieren. Umweltauflagen können umgangen werden und transnationale Unternehmen können sich leichter als nationale Unternehmen, aus Ländern zurückziehen. Doch durch eine hohe Komplexität hinsichtlich Entscheidungs- und Ressourcenkompetenz, können zeitintensive Organisations- und

---

[20] Vgl. *Gabler Wirtschaftslexikon* (2018b); *Mettig* (2018), S. 128–129.
[21] Vgl. *Wirtschaftslexikon* (2015).
[22] Vgl. *Mettig* (2018), S. 129.
[23] Vgl. *Gabler Wirtschaftslexikon* (2018h).

Kommunikationsaufwände entstehen. Auch wenn die Theorie der transnationalen Strategie ansprechend wirkt, ist Sie in der Praxis nur schwer umsetzbar.[24] Zu finden sind transnationale Unternehmen oftmals in der Erdölbranche, der Finanzbranche und in den Bereichen Elektronik bzw. Telekommunikation wie beispielsweise General Electric.[25]

2.1.5. Abgrenzung der Strategien

Während Unternehmen bei der Exportstrategie versuchen mit bisherigen innovativen Produkten bzw. Dienstleistungen nahe und ähnliche Auslandsmärkte zu erobern, ohne eine Anpassung an lokale Bedürfnisse vorzunehmen, wird bei der multinationalen Strategie eine höchstmögliche Anpassung an die lokalen Gegebenheiten der einzelnen Länder angestrebt. Die Auslandstochtergesellschaften sind völlig autonom und die Entscheidungen werden dezentral getroffen. Auf diese Weise ist es jedoch schwer, einen einheitlichen Unternehmens- bzw. Markenauftritt zu generieren, was bei der globalisierten Strategie durch die hochgradig zentralisierte und standardisierte grenzüberschreitenden Aktivitäten erreicht werden soll. Die bei der multinationalen Strategie als Wettbewerbsvorteil angesehene lokale Anpassung wird bei der globalen Strategie ausgeblendet. Lokale Unterschiede werden vernachlässigt bzw. als nicht existent angesehen. Dafür stehen die durch die Zentralisierung und Standardisierung der Prozesse und Entscheidungen entstehenden Kostenvorteile und Lerneffekte im Vordergrund und werden als großer Vorteil gewertet. Bei einer transnationalen Strategie wird eine Vereinigung von Komponenten der internationalen, multinationalen und globalen Strategie angestrebt. Während die Strategie nationale Unterschiede und Skaleneffekte nutzt, verzichtet sie weitestgehend auf Standardisierung. Somit lautet das Motto der transnationalen Strategie: So global wie möglich, so lokal wie nötig zu agieren.[26]

---

[24] Vgl. *Wirtschaftslexikon* (2015).
[25] Vgl. *United Nations Conference on Trade and Development* (20007).
[26] Vgl. *Mettig* (2018), S. 127–129; *Schwarz* (2009), S. 10–11; *Welge* et al. (2000), S. 168–170; *Zentes* et al. (2006), S. 54–55.

2.2. Formen der Markterschließung

Hat sich ein Unternehmen für eine grundlegende strategische Ausrichtung für die geplanten internationalen Aktivitäten entschieden, folgen weitere Entscheidungen, die einen wesentlichen Einfluss auf die Umsetzung der Internationalisierungsstrategie haben. Neben den Entscheidungen bezüglich der Marktauswahl (auf welchen Märkten möchte die Organisation tätig werden), dem Timing (wann tritt das Unternehmen auf den neuen Markt), der Reihenfolge des Markteintritts (sofern mehrere Markteintritte geplant sind) und den Gestaltungsprinzipien müssen auch die Herausforderungen durch kulturelle Unterschiede betrachtet werden. Weitere relevante Entscheidungen müssen bei der Frage nach der Markteintrittsstrategie getroffen werden. Also „wie" trete ich auf einen neuen Markt, um ein Produkt oder eine Dienstleistung erfolgreich einzuführen.[27] Eine Vielzahl an Markteintrittsstrategien, die die Form des Zugangs zu Auslandsmärkten angeben, werden in der folgenden Abbildung aufgezeigt.[28]

Abbildung 3: Formen der Markteintrittsstrategien
(Quelle: Eigene Darstellung in Anlehnung an sevdesk.de/blog/internationa-lisierung)

Der Markteintritt erfolgt in der Regel schrittweise, was verschiedene Entwicklungspfade abbilden lässt. Umso bedeutsamer der ausländische Markt für

---

[27] Vgl. *Abrahamczik* (2012), S. 134; *Mettig* (2018), S. 130.
[28] Vgl. *Gabler Wirtschaftslexikon* (2018d).

eine Organisation wird, desto eher ist sie bereit, die Beteiligung im Ausland zu verstärken, um mehr Kontrolle und Einfluss zu erlangen. Wird das Auslandsengagement stärker, werden mehr Unternehmensressourcen wie Finanzmittel und Managementkompetenz benötigt.[29]

Bradley unterscheidet Markteintrittsstrategien nach Risiko, Steuerbarkeit der ausländischen Operationen und dem Ressourceneinsatz, wie die folgende Abbildung zeigt in die drei Kategorien Export, Kooperation und Direktinvestition.[30]

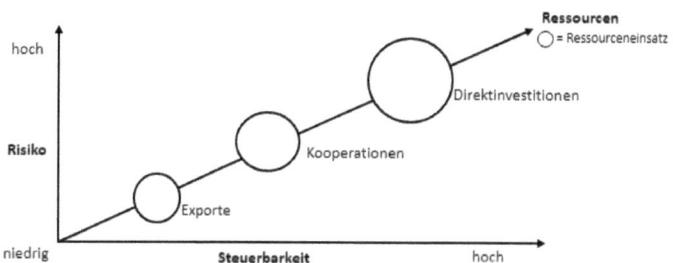

Abbildung 4: Systematik der Markteintrittsstrategien
Quelle: Eigene Darstellung in Anlehnung an Bradley (2002), S. 254)

Export ist der Absatz von Gütern und Dienstleistungen im Ausland, also über Grenzen hinaus. Es kann zwischen direktem Export (Belieferung ausländischer Zielmärkte ohne Zwischenhändler) und indirektem Export (Belieferung ausländischer Zielmärkte mit Zwischenhändler) unterschieden werden. Im Vergleich zu anderen Strategien ermöglichen Exporte eine Umsatzerzielung mit geringem Risiko und niedrigen erforderlichen Investitionen.[31]

Arbeiten rechtlich selbstständige Unternehmen grenzüberschreitend auf einer vertraglichen Basis zusammen, ist es eine (internationale) *Kooperation*.[32] Zu unterscheiden sind Kooperationen mit geringem Kapitaleinsatz und Formen der Zusammenarbeit mit hoher finanzieller Beteiligung. Bei Lizenz- und Franchiseverträgen kann der Lizenzgeber seine Produkte und Dienstleistungen ohne große Anstrengung und mit geringem Kapitaleinsatz im Ausland vermarkten. Der Lizenz- bzw. Franchisenehmer ist vertraglich verpflichtet eine

---

[29] Vgl. *Gruber-Mücke* (2011), S. 141.
[30] Vgl. *Abrahamczik* (2012), S. 137; *Zentes* et al. (2006), S. 251.
[31] Vgl. *Abrahamczik* (2012), S. 135; *Gruber-Mücke* (2011), S. 142.
[32] Vgl. *Gabler Wirtschaftslexikon* (2018c).

Gebühr an den Lizenz- bzw. Franchisegeber zu bezahlen. Kooperationen mit hohem Kapitaleinsatz werden als Joint Ventures oder strategische Allianzen bezeichnet, welche Aufgrund der Aufgabenstellung nach Erläuterung der einer weiteren Form der Markteintrittsstrategie genauer betrachtet werden.[33]

Die dritte Kategorie ist die *Direktinvestition,* bei der im Ausland eine Betriebsstätte oder hundertprozentige Tochtergesellschaft gegründet wird. Direktinvestitionen weisen einen hohen Kapital- und Ressourceneinsatz auf und sind sowohl mit hohen Investitionskosten als auch einem hohen Risiko verbunden. Während eine Tochtergesellschaft eine rechtlich eigenständige Variante der Direktinvestition ist, sind Niederlassungen rechtlich unselbstständig.[34]

2.2.1. Joint Venture

Ein Joint Venture ist eine individuelle Form der Unternehmenskooperation, bei der zwei oder mehr Partner gemeinsam ein rechtlich selbstständiges Unternehmen gründen.[35] Im engeren Sinne ist es ein gemeinsames Vorhaben zwischen rechtlich und wirtschaftlich unabhängigen Unternehmen, bei dem die Partner das finanzielle Risiko und die Verantwortung gemeinsam tragen.[36] Internationale Joint Ventures werden in der Regel als Strategie zur Erschließung neuer Märkte mit Partnerunternehmen im Ausland gegründet.[37] Diese Kooperationen können beispielsweise technologisches Knowhow und die Produktionskapazität zur Fertigung von Produkten beitragen. Auch das bereits vorhandene Netzwerk, die Firmeninfrastruktur und Marktkenntnisse von Partnerunternehmen im Zielmarkt können genutzt werden.[38] Wenn die Gründung einer Tochtergesellschaft gesetzlichen Beschränkungen unterliegt, das Risiko des Landes hoch ist oder der Markt und sein Wachstum relativ gering sind, werden in der Regel Joint Ventures gewählt.[39] Doch Schwierigkeiten wie die Wahl eines geeigneten Partners oder problematische Zuweisung von

---

[33] Vgl. *Abrahamczik* (2012), S. 136; *Gruber-Mücke* (2011), S. 144–146.
[34] Vgl. *Abrahamczik* (2012), S. 136–137; *Gabler Wirtschaftslexikon* (2018a).
[35] Vgl. *Sternad* et al. (2020), S. 91.
[36] Vgl. *Gruber-Mücke* (2011), S. 146–147.
[37] Vgl. *Kutschker/Schmid* (op. 2011), S. 888–889.
[38] Vgl. *Gruber-Mücke* (2011), S. 147; *Sternad* et al. (2020), S. 73.
[39] Vgl. *Morschett* et al. (2010), S. 72.

Verantwortlichkeiten, dürfen nicht außer Acht gelassen werden.[40] Auch der hohe Koordinationsaufwand und interkulturelle Missverständnisse führen oft zu einer begrenzten Lebensdauer von Joint Ventures.[41] Joint Ventures können grundsätzlich unterschiedliche Ausrichtungen haben und anhand verschiedenen Faktoren unterschieden werden. Neben der rechtlichen Ausgestaltung spielen auch der Standort, die Branchenausrichtung und die Stufe der Wertschöpfungskette eine entscheidende Rolle. Unterschieden wird nach:

- der Kooperationsform:
  - Equity Joint Venture (mit gemeinsamer Kapitalbeteiligung und Risikoübernahme)
  - Contractual Joint Venture (reine Vertragsbeziehung, in der Kosten, Risiken und Gewinnverteilung geregelt werden)
- dem Standort:
  - Domestic Joint Venture (alle Kooperationspartner haben den Unternehmenssitz im gleichen Land)
  - International Joint Venture (mindestens ein Partner ist in einem anderen Land angesiedelt als das Gemeinschaftsunternehmen)
- der Branchenausrichtung:
  - horizontale Kooperation (Unternehmen der gleichen Branche mit ähnlichem Leistungsangebot)
  - vertikale Kooperation (Kooperationspartner aus unterschiedlichen Wertschöpfungsstufen)
  - Konzentrisches Joint Venture (Unternehmen ähnlicher Branchen).[42]

Ein abschließend wichtiger Punkt beim Gründen eines Joint Ventures, ist, dass Kontrolle und Kooperation ausgeglichen sind und auch im Gleichgewicht zueinanderstehende Gesellschafteranteile vorhanden sind.[43]

---

[40] Vgl. *Gruber-Mücke* (2011), S. 147; *Sternad* et al. (2020), S. 73.
[41] Vgl. *Gabler Wirtschaftslexikon* (2018f).
[42] Vgl. *Gruber-Mücke* (2011), S. 148; *BWL-LEXIKON* (2020).
[43] Vgl. *Sternad* et al. (2020), S. 73.

2.2.2. Strategische Allianz

Eine (internationale) strategische Allianz ist eine formale, längerfristige Beziehung zwischen zwei oder mehreren wirtschaftlich und rechtlich selbstständigen Unternehmen (aus unterschiedlichen Ländern). Diese verfolgen gemeinsame Ziele wie beispielsweise das Erreichen bestimmter Markt- oder Wettbewerbsvorteile, die für die einzelnen Parteien im Alleingang utopisch wären. Die beteiligten Partner sind in der Regel über eine Minderheitsbeteiligung miteinander verbunden. Mit Hilfe einer strategischen Allianz sollen die Schwächen der kooperierenden Unternehmen kompensiert und die Stärken der einzelnen Unternehmen komplementiert werden.[44] Zusätzlich können Chancen, Risiken und Kosten zwischen den Kooperationspartnern aufgeteilt und somit für jeden einzelnen geschmälert werden.[45] Während Joint Ventures aus einem Vertragsverhältnis mit Kapitalbindung bestehen, sind ein Vorteil der strategischen Allianz geringe Kosten und begrenzte Ressourcen. Darüber hinaus ist zu ergänzen, dass eine strategische Allianz im Vergleich zu anderen Kooperationsformen sowohl zeitlich als auch für die wirtschaftliche Zusammenarbeit auf einen Teilbereich bzw. ein Projekt begrenzt werden kann.[46] Es gibt zahlreiche Varianten von strategischen Allianzen. Sie variieren nach:

- der Intensität und Dauer:
  - General Allianz (langfristig)
  - Transferallianz (kurzfristig mit Kompetenztransfer)
  - Pool-Allianz (Wertaktivitäten werden gemeinsam genutzt)
- der Ausrichtung:
  - Horizontale Allianz (gleiches oder ähnliches Produkt mit gleicher Produktionstiefe)
  - Vertikale Allianz (aufeinanderfolgende Produktion- und /oder Handelsstufen)
  - Externe Allianz (komplementäre oder substitute Produkte kooperieren mit eigenen Produkten).[47]

---

[44] Vgl. *Gabler Wirtschaftslexikon* (2018e); *Sternad* et al. (2020), S. 91.
[45] Vgl. *Schawel/Billing* (2018), S. 323.
[46] Vgl. *Schawel/Billing* (2018), S. 325; *Welge* et al. (2000), S. 685.
[47] Vgl. *Lutz* (1993), S. 51–61.

2.3. Zusammenfassung des Theorieteils

Die vier angesprochenen Strategien (international, multinational, global und transnational) stehen für die Erschließung von Auslandsmärkten zur Verfügung. Die einzelnen Internationalisierungsstrategien werden in der Theorie durch stärkere und schwächere Notwendigkeit zur weltweiten Integration und Anpassung an lokale Bedürfnisse ganz klar unterschieden. Durch die genannten eindeutigen Vor- und Nachteile der einzelnen Strategien liegt die Annahme nahe, dass sich ein Unternehmen einmalig für eine Internationalisierungsstrategie entscheidet und diese Strategie für mehrere Jahre fährt. Aufgrund von nicht planbaren Einflussfaktoren wie beispielsweise Veränderungen am Markt oder in der Technologie, ist es in der Praxis kaum möglich, eine strikte Strategie für viele Jahre zu verfolgen.

Die beiden durchleuchteten Kooperationsformen zur Markterschließung haben das gemeinsame Ziel die gegenwärtige oder zukünftige Wettbewerbsposition der beteiligten Unternehmen zu verbessern. Sie unterscheiden sich hauptsächlich darin, dass bei einem Joint Venture von den Partnern eine rechtlich selbstständige Gesellschaft gegründet wird, während es bei der strategischen Allianz nicht dazu kommt. Hier bleiben die Unternehmen unabhängig und kooperieren nur in einzelnen Bereichen oder zeitlich begrenzt.

Die in diesem Theorieteil dargelegten Strategien und Kooperationsmöglichkeiten werden im Folgenden anhand des Beispielunternehmens Cyclemania untersucht.

3. Theorietransfer auf das Beispielunternehmen

3.1. Das Unternehmen Cyclemania

Die in der Aufgabenstellung gegebenen Eckdaten des Mountainbike-Herstellers Cyclemania werden im Folgenden aufgezeigt und durch Annahmen erweitert:
- Gegründet: 2010 (11 Jahre am Markt)
- Sitz: in Hamburg
- Mittelständiges Unternehmen (ca. 150 Mitarbeiter)

- Kundensegment: junge und preisbewusste Kunden
- Kernkompetenz und Nutzenversprechen: Herstellung von innovativen und qualitativ hochwertigen, langlebigen Bikes zu angemessenem Geld
- Vertriebskanäle: Verkaufsstore und Webshop
- Kundenbeziehungen: direkt (Store) und automatisiert (online)
- Einnahmequellen: Verkaufspreis der Mountainbikes
- Kosten: Material, Herstellung, Personal, Werbekosten, Versand und Retoure der Bikes
- Umsatz und Gewinn: nachhaltig stabil
- Markt: Deutschland (Heimatmarkt)
- Schlüsselaktivitäten (Sortiment, Marketing, Logistik usw.), Schlüsselressourcen (Lieferantenbeziehungen, Kundenkontakte, Prozesse usw.) und Schlüsselpartnerschaften (Lieferanten, Marketingagentur usw.) sind für deutschen Markt bekannt und werden erfolgreich genutzt.

3.2. Umsetzungsmöglichkeiten der Internationalisierung und Handlungsempfehlung für Cyclemania

Nach über zehn Jahren auf dem deutschen Markt, hat sich das mittelständische Unternehmen Cyclemania dazu entschieden, ihre Mountainbikes künftig auch auf Auslandsmärkten abzusetzen. Um in das Auslandsgeschäft erfolgreich einzusteigen stehen die bereits aufgezeigten Strategien zur Auswahl. Im Folgenden werden die Umsetzungsmöglichkeiten der einzelnen Strategien in Bezug auf Cyclemania betrachtet.

Die globale Internationalisierungsstrategie scheint auf den ersten Blick für das Unternehmen Cyclemania geeignet zu sein. Eine Ausrichtung auf den gesamten Weltmarkt mit standardisierten Produkten und Prozessen klingt nach Kostenvorteilen und vielen Absatzmöglichkeiten. Cyclemania steht jedoch für innovative Mountainbikes mit hochwertiger Qualität und möchte dies auch auf ausländischen Märkten beibehalten. „Made in Germany" ist im Ausland sehr gefragt und kann von Cyclemania als USP (Unique Selling Proposition)[48], also als Alleinstellungsmerkmal genutzt werden. Auch wenn große Kostenvorteile durch beispielsweise eine Verlagerung der Produktion ins Ausland entstehen könnten, ist dies keine Option. Denn eventuelle Qualitätseinbußen würden den Ruf des Unternehmens schädigen. Die zusätzlich entstehenden Koordinierungs- und Standardisierungsaufwände, auf Märkten mit unterschiedlichsten Rechtsgrundlagen machen es nicht gerade leicht, ohne Erfahrung weltweit zu fungieren. Somit kommt die globale Strategie bei genauerer Betrachtung für Cyclemania vorerst nicht in Frage.

Neben den bereits erwähnten Kriterien der globalen Strategie, sind weitere Punkte bei der transnationalen Strategie vorhanden. Diese zeigen, dass auch diese Strategie zur Etablierung an ausländischen Absatzmärkten für Cyclemania momentan nicht geeignet ist. Der strategischen Rahmen wird vom Mutterkonzern vorgeben und die unabhängigen Tochterunternehmen berücksichtigen nationale Gegebenheiten. Dies ist bei der Herstellung und dem Vertrieb von Mountainbikes nicht notwendig, da die Fahrradbranche weitestgehend genormt ist.[49] Außerdem versprechen anfängliche erhebliche Kosten und zeitintensive Kommunikationsaufwände keinen zukünftigen Erfolg.

Die multinationale Strategie hat die Unabhängigkeit der Betriebsstandorte und die lokale Anpassung der Produkte an den jeweiligen Markt zur Eigenschaft. Doch da wie bereits erläutert das Unternehmen Cyclemania sein Angebot nicht anpassen muss und eine homogene Markenführung betreiben möchte, ist auch das nicht die optimale Internationalisierungsstrategie.

Durch die bisherige Anwendung des Ausschlusskriteriums, bleibt die Export- bzw. internationale Strategie zu prüfen. Mit dem einprägsamen Namen Cyclemania, der direkt das Bild eines Fahrrads im Kopf hervorruft, kann das Unternehmen auch auf ausländischen Märkten seine Mountainbikes anbieten. Die hochwertige Qualität dient als Alleinstellungsmerkmal und wird durch das Siegel „Made in Germany", noch einmal verstärkt. So kann Cyclemania durch die internationale Strategie das bisher in Deutschland angebotene Produkt und durchgeführte Konzept für Auslandsmärkte übernehmen. Geeignet sind hierfür zu Beginn Märkte, die dem Heimatmarkt unter anderem in Punkto Kultur und Umwelt stark

---

[48] Vgl. *Gabler Wirtschaftslexikon* (2018i).
[49] Vgl. *pressedienst-fahrrad GmbH* (2020).

ähneln, eine Nachfrage nach Bikes besteht und auch bereit sind, deutsche Fahrräder zu importieren, wie beispielsweise die an Deutschland angrenzenden Länder Niederlande, Österreich, Polen, Frankreich usw.[50] Einen weiteren Vorteil bietet die internationale Strategie der starken Innovationskraft von Cyclemania. Zukünftige Innovationen können am Heimatmarkt getestet werden und nach erfolgreicher Einführung wiederum auf die Auslandsmärkte exportiert werden. Auch die Macht der Entscheidungen und die Produktion der Mountainbikes kann weiterhin zentral in Hamburg bleiben. Um den Absatz auf Märkten im Ausland anzuregen, können Verkaufsstores im Ausland eröffnet werden, die sowohl die in Hamburg hergestellten Bikes als auch das Konzept aus dem Hamburger Direktverkauf übernehmen. Eine zusätzliche Möglichkeit ist der digitale Weg. Die Homepage und der bereits etablierten Webshop, die bisher beide in deutscher Sprache gehalten wurden, können durch die Ergänzung weiterer Sprachen zum Absatz in weiteren Ländern beitragen. Allgemein sollte Cyclemania als innovatives Unternehmen die digitalen Fortschritte nutzen und interaktive Möglichkeiten wie beispielsweise einen Online-Fahrrad-Konfigurator anbieten, was eine junge Zielgruppe anspricht. Auch ein einheitliches Design und eine Corporate Identity (eigenständige und unverwechselbare Unternehmens-persönlichkeit) zu schaffen ist für den Wiedererkennungswert und den dadurch erhofften Erfolg enorm wichtig.

Ein guter Start für den Einstieg auf Auslandsmärkten bietet beispielsweise die Niederlande oder Österreich. Sowohl kulturell sehr ähnlich als auch geografisch nicht weit von Hamburg entfernt, bietet die Niederlande bekannterweise einen großen Absatzmarkt für Bikes. Trotz lokaler Konkurrenz ist der Fahrradimport hier sehr hoch. Denn die ca. 17 Millionen Einwohner haben ungefähr 23 Millionen Fahrräder, also 1,3 Räder pro Person.[51] Österreich als deutschsprachiges Land, mit geringer Unterscheidung zum Heimatmarkt und mit vielseitigen Möglichkeiten durch Berge, an Seen entlang und auf Trails zu biken, ist geeignet, um den Export zu starten. Zugleich ist die Nachfrage nach höherwertigen Produkten, Beratung und Service in den letzten Jahren in Österreich deutlich gestiegen, was auf das Angebot von Cyclemania zutrifft.[52]

---

[50] Vgl. *Zweirad-Industrie-Verband* (2020), S. 19.
[51] Vgl. *FOCUS Online*.
[52] Vgl. *ISPO - Messe München GmbH* (2020).

Zusammenfassend lässt sich sagen, dass für die erstmalige Eroberung neuer Auslandsmärkte die internationale Strategie für Cyclemania geeignet ist. Nach erfolgreicher Etablierung in mehreren Ländern, sollte die Strategie jedoch überdacht und weiterentwickelt werden. Es empfiehlt sich Optionen anderer Strategien zu nutzen und somit Strategien zu kombinieren, um auf Dauer eine erfolgreiche Entwicklung des Unternehmens herbeizuführen.

3.3. Empfehlung einer geeigneten Markterschließungsform für Cyclemania

Ist sich Cyclemania nicht sicher Auslandsmärkte im Alleingang erobern zu können, besteht die Möglichkeit Kooperationen wie beispielsweise ein Joint Venture oder eine strategische Allianz einzugehen.

Die Kooperationen können in unterschiedlichen Ausprägungen und Dimensionen erfolgen. Cyclemania muss sich ihrer Strategie bei der Suche nach dem geeigneten Kooperationspartner bewusst sein. Entscheidungen wie beispielsweise die Anzahl der Kooperationspartner, in welchen Unternehmensbereichen die Kooperation erfolgen soll (Produktion, Forschung, Marketing,...), ob ein Partner der gleichen Branche oder einer mit vor- oder nachgelagerten Wertschöpfungsstufen der richtige ist, auf welchem zeitlichen und geografischen Horizont die Kooperation stattfinden soll usw. müssen getroffen werden.[53]

Cyclemania könnte beispielsweise ein Joint Venture mit einem Kooperationspartner gründen, der sich auf den Direkt- und Onlineverkauf von Sportartikeln auf dem österreichischen Markt spezialisiert hat. Somit könnten Cyclemania und „Die Vertriebsexperten AT" (fiktive Firma), welche zwei rechtlich und wirtschaftliche unabhängige Unternehmen sind, eine rechtlich neue Gesellschaft namens „Cyclemania Experten AT" (fiktive Firma) gründen. Dies würde eine vertikale Kooperation (Unternehmen aus der gleichen Branche, aber aus unterschiedlichen Wertschöpfungsstufen) darstellen.[54]

---

[53] Vgl. *Zentes* et al. (2006), S. 653–654.
[54] Vgl. *Gruber-Mücke* (2011), S. 148.

Beide Kooperationspartner investieren in Cyclemania Experten AT und teilen sich somit das wirtschaftliche Risiko. Auch die Führungsverantwortung obliegt beiden Kooperationspartnern. Die genauen Grundlagen des Joint Ventures, wie beispielsweise die Gewinnverteilung, werden in einem Joint Venture-Vertrag festgehalten. Durch die Vereinbarung des Herstellungs-Knowhows von Cyclemania und die Vertriebserfahrung auf dem österreichischen Markt von Die Vertriebsexperten AT, werden Wettbewerbsvorteile und Synergieeffekte geschaffen. Dies bringt Cyclemania eine vorteilhafte Situation. Denn durch das Wissen und die Erfahrung im österreichischen Markt von Die Vertriebsexperten AT, können die Produkte und das Konzept von Cyclemania deutlich schneller in Österreich etabliert werden. Zusätzlich ist ein geringerer Kapitalbedarf des jeweiligen Unternehmens notwendig, als wenn ein Unternehmen allein agieren würde, wodurch auch das unternehmerische Risiko sinkt.

Damit ein Joint Venture auf Dauer funktionieren kann, müssen die Unternehmensziele der beiden Kooperationspartner identisch sein. Im Fall von Cyclemania Experten AT, kann das beispielsweise die Eroberung eines Marktanteils von 15% auf dem österreichischen Mountainbike-Markt sein. Widersprechen sich die Ziele, ist ein Joint Venture nicht bzw. nichtmehr geeignet. Die Zunahme an Koordinationsaufwand und der Abfluss von Knowhow sind bei einem Joint Venture nicht zu unterschätzen und müssen von Cyclemania vor Gründung einer Kooperation abgewogen werden.[55]

Eine weitere Kooperationsmöglichkeit ist die strategische Allianz. Während beim Joint Venture eine rechtlich selbstständige Gesellschaft gegründet wird, bleiben bei der strategischen Allianz die Unternehmen unabhängig und kooperieren nur in einzelnen Bereichen oder Projekten. [56]

Das Beispielunternehmen Cyclemania und der bereits erwähnte Kooperationspartner Die Vertriebsexperten AT gründen somit kein eigenständiges zusätzliches Unternehmen, sondern kooperieren über mündliche Absprachen, deren Zweck beispielsweise die Beeinflussung des Wettbewerbs sein kann, bis hin zu vertraglichen Vereinbarungen mit dem Ziel die Wettbewerbsposition in bestimmten Geschäftsbereichen zu verbessern. So kann ein zeitlich begrenztes Projekt von Cyclemania in Kooperation mit Die

---

[55] Vgl. *Gruber-Mücke* (2011), S. 147; *Sternad* et al. (2020), S. 73.
[56] Vgl. *Schawel/Billing* (2018), S. 323.

Vertriebsexperten AT eine Win-Win-Situation hervorrufen, wie beispielsweise die Bekanntheitssteigerung im österreichischen Markt und eine gleichzeitige Gewinnerhöhung für beide Unternehmen. Denn ohne die Marktkenntnisse von Die Vertriebsexperten AT hätte Cyclemania eine geringere Chance, den Markt zu erobern und die Mountainbikes von Cyclemania sind eventuell genau die Produkte, die das Unternehmen die Vertriebsexperten AT benötigt, um den Nachfragen ihrer Kunden nachkommen zu können. Da bei einer strategischen Allianz keine Kapitalbildung bzw. -beteiligung zugrunde liegt, ist das Risiko für Cyclemania im Vergleich zu einem Joint Venture geringer. Ein weiterer Vorteil der strategischen Allianz ist die auf Dauer gesehene Ungebundenheit, die vor allem in der heutigen schnelllebigen durch die Globalisierung geprägten Welt nicht zu unterschätzen ist. Denn durch zeitlich befristete Absprachen und Verträge kann sich Cyclemania schnell und flexibel auf neue Situationen einstellen und entsprechend handeln. Zusätzlich entstehen für beide Kooperationspartner durch den Austausch von Wissen, Knowhow, Technologien und Marktkenntnisse usw. Synergieeffekte, die auch nach Beendigung der strategischen Allianz die Unternehmensposition verbessern können.[57]

4. Bewertung der Ergebnisse

Um die richtige Internationalisierungsstrategie für Cyclemania zu finden, wurden die Unterschiede der Strategien dargelegt und deren Vor- und Nachteile aufgezeigt. Das Ausschlussverfahren hat gezeigt, dass für das Unternehmen Cyclemania mit der Export- bzw. internationalen Strategie vorerst der größte Nutzen erreicht werden kann. Die Innovationskraft, die hochwertige Qualität und das Konzept von Cyclemania bleibt weiterhin vorhanden und die Entscheidungsgewalt muss nicht geteilt werden. Durch einen geringen Risiko- und Kostenaufwand kann Cyclemania mit der internationalen Strategie und bei entsprechender geografischer Auswahl der zu erobernden Märkte effektiv und effizient Erfolg erzielen.

---

[57] Vgl. *Schawel/Billing* (2018), S. 323–325; *Welge* et al. (2000), S. 685.

Um den Markteintritt zu erleichtern, wurden die Kooperationsformen Joint Venture und Strategische Allianz untersucht. Beide Möglichkeiten setzen gegenseitiges Vertrauen und ein gemeinsames Ziel voraus und bieten beide Vorzüge für das Unternehmen. Um die flexible und innovative Art von Cyclemania nicht zu gefährden, bietet sich tendenziell die strategische Allianz an, die als Probezeit gesehen werden kann. Funktioniert die Zusammenarbeit und es wird erkannt, dass durch ein Joint Venture ein noch größerer Erfolg entstehen kann, kann die Strategische Allianz bei Bedarf zu einem Joint Venture entwickelt werden.

5. Fazit und Ausblick

In dieser Hausarbeit wird sowohl eine geeignete Internationalisierungsstrategie für das Unternehmen Cyclemania aufgezeigt werden als auch eine Entscheidung über die Wahl der Kooperationsformen Joint Venture und strategische Allianz getroffen werden.

Durch eine detaillierte Darlegung und Abgrenzung der einzelnen Internationalisierungsstrategien kann aus theoretischer Sicht für Cyclemania eine klare Handlungsempfehlung für die internationale Strategie ausgesprochen werden. Denn trotz geringem Risiko und Kostenaufwand können neue Märkte erfolgreich erobert werden und die Stärken des Unternehmens weiterhin eingesetzt werden. Auch wenn sich die einzelnen Strategien in der Theorie gut voneinander abgrenzen lassen und Unternehmen hierdurch eine Basis für die Zielsetzung der Internationalisierung festlegen können, ist in der Praxis eine reine nach der Theorie gelebte Internationalisierungsstrategie kaum zu finden. Es werden der geplanten Strategie Optionen anderer Strategien hinzugefügt, um das einzelne Unternehmen bestmöglich zu entwickeln. Auf Grund dessen wird dem Unternehmen Cyclemania vorerst die risikoarme Variante der internationalen Strategie empfohlen, die bei Bedarf durch Optionen der globalen, multinationalen und transnationalen Strategie erweitert und somit weiterentwickelt werden kann.

Angesichts der Betrachtung der beiden Kooperationsformen Joint Venture und strategische Allianz wird klar, dass beide Möglichkeiten einen Mehrwert zur Markterschließung für Cyclemania beitragen. Da die strategische Allianz die flexiblere und unabhängigere Variante mit geringem Risiko ist, sollte Cyclemania hiermit starten und die daraus entstehenden Vorteile gegenüber dem Wettbewerb ausbauen.

Zusammenfassend lässt sich sagen, dass sich das Unternehmen Cyclemania mit einem vorsichtigen und gut überlegten Herantasten an die Auslandsmärkte nach und nach zu einem auch über die Landesgrenzen hinaus, erfolgreichen Unternehmen entwickeln kann. Durch die in der Einleitung erwähnten Freihandelszonen, gemeinsame Wirtschaftsräume und neue Transport-, Informations- und Kommunikationstechnologien stehen dem Unternehmen viele Türen offen.

Doch es kann auch sinnvoll sein, gesondert oder auch parallel zur Eroberung von Auslandsmärkten die Branchentrends wie beispielsweise die Elektromobilität von Fahrrädern zu beachten. Für einen innovativen Mountainbike Hersteller wie Cyclemania eröffnen sich mit der stetig steigenden Nachfrage nach E-Mountainbikes neue Märkte.[58] Diese können mit begrenzten Risiken und Herausforderungen, welche mit der Internationalisierung einhergehen, angegangen werden. So könnte Cyclemania durch die Nutzung neuer Technologien und einer daraus resultierenden Produktentwicklung, vom Mountainbike zum E-Mountainbike, bereits bestehende Märkte bedienen. Sowohl allein als auch in Kooperation mit weiteren Unternehmen. Die genauen Chancen und Risiken dieser und weiterer Möglichkeiten für Cyclemania wären jedoch für einen wissenschaftlich belegten Ausblick zu prüfen.

---

[58] Vgl. *Zweirad-Industrie-Verband* (2020), S. 22–25.

Literaturverzeichnis

Gedruckte Quellen

Abrahamczik, C. (2012), Die erfolgreiche Internationalisierung kleiner und mittlerer Unternehmungen (KMU). Modellentwicklung, empirische Überprüfung sowie Handlungsempfehlungen für die Managementpraxis, Mering.

Gruber-Mücke, T. (2011), Internationalisierung in frühen Unternehmensphasen. Eine empirische Analyse der Wachstumsdynamik von Jungunternehmen, Wiesbaden.

Kutschker, M./Schmid, S. (2011), Internationales Management, 7. Aufl., München.

Lutz, V. (1993), Horizontale strategische Allianzen. Ansatzpunkte zu ihrer Institutionalisierung, Hamburg.

Mettig, T. (2018), Grundfragen der Unternehmensführung. Titel-Nr. 1257-02, Riedlingen.

Morschett, D./Schramm-Klein, H./Swoboda, B. (2010), Decades of research on market entry modes: What do we really know about external antecedents of entry mode choice?, Journal of International Management, 16. Jg., Nr. 1, S. 60–77.

Schawel, C./Billing, F. (2018), Top 100 management tools. Das wichtigste Buch eines Managers Von ABC-Analyse bis Zielvereinbarung, 6. Aufl., Wiesbaden.

Schwarz, S. (2009), Muster erfolgreicher Internationalisierung von Handelsunternehmen, Wiesbaden.

Sternad, D./Höfferer, M./Haber, G. (Hrsg.) (2020), Grundlagen Export und Internationalisierung, 2. Aufl., Wiesbaden.

Welge, M. K./Al-Laham, A./Kajüter, P. (2000), Praxis des Strategischen Managements. Konzepte - Erfahrungen - Perspektiven, Wiesbaden [Germany].

Zentes, J./Swoboda, B./Schramm-Klein, H. (2006), Internationales Marketing, München.

Zweirad-Industrie-Verband (2020), Zahlen-Daten-Fakten zum Fahrradmarkt in Detuschland 2020. Wirtschaftspressekonferenz am 10. März 2021 in Berlin.

Online Quellen

BWL-LEXIKON (2020), Joint Venture, in:
https://www.bwl-lexikon.de/wiki/joint-venture/, abgerufen am 16. 4. 2021.

FOCUS Online, Mehr Fahrräder als Einwohner:. 5 Ideen aus Holland, von denen Deutschland lernen kann, in:
https://www.focus.de/perspektiven/nachhaltigkeit/verkehr-fuenf-ideen-aus-dem-fahrradland-holland_id_11135387.html, abgerufen am 16. 4. 2021.

Gabler Wirtschaftslexikon (2018a), Direktinvestition, in:
https://wirtschaftslexikon.gabler.de/definition/direktinvestition-28357/version-251989, abgerufen am 16. 4. 2021.

Gabler Wirtschaftslexikon (2018b), Globale Strategie, in:
https://wirtschaftslexikon.gabler.de/definition/globale-strategie-36302/version-259759, abgerufen am 16. 4. 2021.

Gabler Wirtschaftslexikon (2018c), internationale Kooperation, in:
https://wirtschaftslexikon.gabler.de/definition/internationale-kooperation-37565/version-260999, abgerufen am 16. 4. 2021.

Gabler Wirtschaftslexikon (2018d), Internationale Markteintrittsstrategien, in:
https://wirtschaftslexikon.gabler.de/definition/internationale-markteintrittsstrategien-39078/version-262496, abgerufen am 16. 4. 2021.

Gabler Wirtschaftslexikon (2018e), Internationale Strategische Allianz, in:
https://wirtschaftslexikon.gabler.de/definition/internationale-strategische-allianz-39361/version-262771, abgerufen am 16. 4. 2021.

Gabler Wirtschaftslexikon (2018f), Joint Venture, in:
https://wirtschaftslexikon.gabler.de/definition/joint-venture-37135/version-260578, abgerufen am 16. 4. 2021.

Gabler Wirtschaftslexikon (2018g), Multinationale Strategie, in:
https://wirtschaftslexikon.gabler.de/definition/multinationale-strategie-41334/version-264699, abgerufen am 16. 4. 2021.

Gabler Wirtschaftslexikon (2018h), Transnationale Strategie, in:
https://wirtschaftslexikon.gabler.de/definition/transnationale-unternehmung-50746/version-273963, abgerufen am 16. 4. 2021.

Gabler Wirtschaftslexikon (2018), Transnationale Unternehmung, in:
https://wirtschaftslexikon.gabler.de/definition/transnationale-unternehmung-
50746/version-273963, abgerufen am 16. 4. 2021.

Gabler Wirtschaftslexikon (2018i), USP, in:
https://wirtschaftslexikon.gabler.de/definition/unique-selling-proposition-
usp-50075/version-273300, abgerufen am 16. 4. 2021.

Gabler Wirtschaftslexikon (2021), Internationalisierung, in:
https://wirtschaftslexikon.gabler.de/definition/internationalisierung-53726,
abgerufen am 16. 4. 2021.

ISPO - Messe München GmbH (2020), Fahrrad-Branche in Österreich 2019 mit
Umsatzrekord. Qualität, Beratung und Service zahlen sich aus, in:
https://www.ispo.com/maerkte/fahrrad-branche-oesterreich-2019-mit-
umsatzrekord, abgerufen am 16. 4. 2021.

KfW (2021), Internationalisierung im deutschen Mittelstand, in:
https://www.kfw.de/KfW-Konzern/KfW-Research/Internationalisierung-im-
deutschen-Mittelstand.html, abgerufen am 16. 4. 2021.

Markt und Mittelstand (2021), Internationalisierung: So werden Mittelständler im
Ausland erfolgreich, in:
https://www.marktundmittelstand.de/zukunftsmaerkte/internationalisierung-
so-werden-mittelstaendler-im-ausland-erfolgreich-1280791/, abgerufen am
16. 4. 2021.

pressedienst-fahrrad GmbH (2020), Zehn Normen in der Fahrradbranche, in:
https://www.pd-f.de/2020/07/08/zehn-normen-in-der-
fahrradbranche_14991, abgerufen am 16. 4. 2021.

United Nations Conference on Trade and Development (20007), World
Investment Report 2007, in:
https://unctad.org/webflyer/world-investment-report-2007, abgerufen am
16. 4. 2021.